Chouette

5e

12-13 ANS

Allemand

Marie-Gabrielle Guillot
Caroline Le Berre

Hatier

© Hatier, Paris, 2019 – ISBN : 978-2-401-05115-7

Pour t'entraîner à l'oral

- **Retrouve les RESSOURCES AUDIO signalées par 🎧 et téléchargeables sur www.editions-hatier.fr**
- **Comment procéder ?**

Tape « Chouette Allemand 5e » et dans la fiche article, clique sur « Ressources gratuites ».

Conception graphique : Frédéric Jély, Primo & Primo
Illustrations : Juliette Baily
Mise en page : Les PAOistes
Iconographie : Hatier Illustration

EINE REISE DURCH BERLIN

ETAPPE 1

Eine neue Freundin

Erster Schultag für Mia und Tim in Berlin

1 Vrai ou faux ? Observe la photo et la légende puis coche la case qui convient.

1. Selma ist Tims Schwester. V ☐ F ☐
2. Tim und Mia kommen nicht aus Berlin. V ☐ F ☐
3. Der Rucksack von Mia ist rot. V ☐ F ☐
4. Tim und Mia kommen zur Schule mit dem Auto. V ☐ F ☐

2 Singulier ou pluriel ? Observe bien les verbes et retrouve de qui il est question dans chaque phrase.

	Mia	Mia und Selma
1. Sie gehen in die 7b.	☐	☐
2. Sie finden Englisch interessant.	☐	☐
3. Sie ist die Klassensprecherin der 7b.	☐	☐
4. Sie sind gut in Mathe.	☐	☐
5. Sie spielt Handball in der Schule.	☐	☐

der Rucksack : le sac à dos ■ **die Klassensprecherin :** la déléguée de classe ■ **die Stunde :** l'heure ■ **jetzt :** maintenant ■ **welch- :** quel(s) / quelle(s) ?

En Allemagne, les élèves sont notés sur une échelle allant de 1 à 6. 1+ est la meilleure note, 6 la plus basse.

3 **Lis les informations que donne Selma, puis retrouve les matières qui manquent dans l'emploi du temps de la 7b.**

Also, … Wir haben Chemie am Donnerstag und am Freitag.
Am Montag, am Dienstag und am Donnerstag haben wir Mathe.
Wir haben zwei Stunden Sport am Mittwoch.
Und Englisch haben wir am Montag, am Mittwoch, am Donnerstag und am Freitag.

	Montag	Dienstag	Mittwoch	Donnerstag	Freitag
7.45-8.30	Mathe	Religion/Ethik	Erdkunde	Geschichte	Biologie
8.35-9.20	~~Mathe~~ Engl.	Französisch	Englisch	Physik	Biologie
9.25-10.10	Erdkunde	Musik	Deutsch	Physik	Chemie
Pause					
10.25-11.10	Deutsch	Geschichte	Kunst	Kunst	Deutsch
11.15-12.00	Deutsch	Geschichte	Französisch	Mathe	Deutsch
12.05-12.50	Ethik	Mathe	Französisch	Mathe	Englisch
Pause					
13.20-14.05			Sport	Chemie	
14.10-14.55			Sport	Englisch	

4 **Complète les phrases avec les verbes suivants :**

haben ● bin ● sind ● heißt ● gehst ● wohnt.

1. Tim kommt aus München, er wohnt jetzt in Berlin.
2. Hallo, ich bin Mia, und du?
3. Mia und Tim? Sie sind 12 Jahre alt.
4. Ich gehe in die 8. Klasse. Und du, in welche Klasse ~~heißt~~ gehst du?
5. Wir haben einen Hund, er heißt Kasimir.

Le présent

Les terminaisons du présent sont généralement les suivantes :

ich	-e
du	-st
er, sie, es	-t
wir	-en
ihr	-t
sie, Sie	-en

Attention : la conjugaison du verbe sein (être) est totalement irrégulière.

ETAPPE 2

Im Zoologischen Garten

Vor dem Eingangstor

1 Regarde la photo et coche les affirmations exactes.

1. Das Foto zeigt ☐ den Zoo im Winter. ☒ den Zoo im Sommer.
2. Die Architektur ist ☒ asiatisch. ☐ europäisch.
3. Die Statuen sind ☒ zwei Elefanten. ☐ zwei Krokodile.

2 Relie chaque définition à l'animal qui lui correspond.

1. Er wohnt in Afrika, er frisst Antilopen und er wiegt 200 Kilo. • • das Känguru
2. Es wohnt in Australien, es frisst Gras und es wiegt 40 Kilo. • • der Pandabär
3. Sie wohnt in Afrika, sie frisst Blätter und sie ist 4 Meter groß. • • die Giraffe
4. Er wohnt in Asien, er frisst Bambus und er ist schwarz-weiß. • • der Löwe

das Eingangstor : l'entrée ■ **zeigen :** montrer ■ **fressen (er, sie, es frisst) :** manger (pour un animal) ■ **wiegen :** peser ■ **Gras :** de l'herbe ■ **Blätter :** des feuilles ■ **schwarz-weiß :** noir et blanc ■ **besuchen :** visiter ■ **die Eltern :** les parents ■ **die Mutter :** la mère ■ **kosten :** coûter ■ **öffnen :** ouvrir

Le jardin zoologique de Berlin, ouvert en 1844, est le plus ancien zoo d'Allemagne. Situé au cœur de Berlin, il attire chaque année plusieurs millions de visiteurs : c'est le zoo le plus visité d'Europe.

3 **Voici des informations trouvées sur le site Internet du zoo de Berlin : www.zoo-berlin.de.**

Öffnungszeiten „365 Tage geöffnet!“	
1. Januar – 14. März	9:00 – 17:00
15. März – 24. Oktober	9:00 – 18:30
25. Oktober – 31. Dezember	9:00 – 17:00

Tageskarten	Zoo	Zoo und Aquarium
Erwachsene	13,00 €	20,00 €
Schüler und Studenten	10,00 €	15,00 €
Kinder (5 bis 15 Jahre)	6,50 €	10,00 €

Les affirmations ci-dessous sont-elles vraies ou fausses ?

1. Le zoo ferme tous les jours à 17 h. V ☐ F ☒
2. L'entrée au zoo coûte 6,50 € pour un adulte. V ☐ F ☒
3. Il faut payer un supplément pour visiter l'aquarium en plus du zoo. V ☐ F ☒
4. Le zoo est ouvert tous les jours de l'année. V ☐ F ☒
5. L'entrée est gratuite pour les enfants de moins de 5 ans. V ☒ F ☐

4 **Quel prix les visiteurs devront-ils payer ? Coche la bonne réponse.**
Attention au nombre de visiteurs, à leur âge et à ce qu'ils souhaitent visiter !

1. Tim besucht den Zoo. ☒ 6,50 € ☐ 10 € ☐ 13 €
2. Mia und Selma besuchen den Zoo und das Aquarium. ☐ 10 € ☐ 13 € ☒ 20 €
3. Tim, Mia und ihre Eltern besuchen den Zoo. ☐ 26 € ☒ 39 € ☐ 60 €
4. Selma und ihre Mutter besuchen den Zoo und das Aquarium. ☐ 19,50 € ☐ 30 € ☒ 35 €

5 **Complète les réponses en remplaçant le groupe nominal souligné par le pronom personnel qui convient : *er, sie* ou *es*.**

Exemple : Wie heißt das Eingangstor? Es heißt „Elefantentor“.

1. Wie heißt der Direktor? .... Andreas.
2. Was kostet die Tageskarte? .... 6,50 €.
3. Wo ist das Aquarium? .... in der Budapester Straße.
4. Wann öffnet der Zoo? .... jeden Tag um 9 Uhr.

Les genres

Il existe trois genres en allemand :

- le masculin :
  Der Elefant ist grau. = Er ist grau.
- le féminin :
  Die Antilope ist elegant. = Sie ist elegant.
- le neutre :
  Das Zebra ist schwarz-weiß. = Es ist schwarz-weiß.

ETAPPE 3

360° Panorama

Der Fernsehturm

1 **Les Berlinois adorent donner un surnom aux monuments de leur ville. Regarde bien la photo et retrouve le surnom qui correspond à la Tour de Télévision.**

☐ Lippenstift und Puderdose ☐ der Kühlschrank ☒ die Spargel ☐ die Waschmaschine

2 **Complète les phrases à l'aide des éléments ci-dessous :**

1969 ● Hermann Henselmann ● 368 ● 8,50 ● Restaurant.

1. Der Fernsehturm ist 360 Meter hoch.
2. Der Architekt Hermann Henselmann baute den Turm im Jahre 1969
3. Es gibt auch ein Restaurant dort kann man Salate, Spaghetti oder Pizza essen!
4. Ein Ticket kostet 8,50 Euro für Kinder.

hoch : haut ■ **bauen :** construire ■ **es gibt :** il y a ■ **für :** pour ■ **der Bezirk :** le quartier ■ **die U-Bahn :** le métro ■ **trinken :** boire ■ **das Frühstück :** le petit déjeuner ■ **das Fahrrad :** le vélo ■ **spielen :** jouer

La Fernsehturm de Berlin, qui émet pour la télévision et la radio, est le monument le plus haut de la ville. C'est aussi l'un des lieux les plus emblématiques de Berlin, où les nombreux visiteurs peuvent admirer un panorama à 360°.

3 Tim prépare un exposé sur quatre monuments berlinois, mais Kasimir a sali son travail.

der Fernsehturm
Höhe: 368 Meter
Ticket: 8,50
Mit der U-Bahn: U2, U5, U8

der Reichstag
Höhe: 47 Meter
Ticket:
Mit der U-Bahn:

der Dom
Höhe: 116 Meter
Ticket: frei
Mit der U-Bahn: U2, U5, U8

die Siegessäule
Höhe: 67
Ticket: 2,50 €
Mit der U-Bahn:

• Complète les questions de Tim en choisissant parmi les mots interrogatifs suivants :

~~wie~~ • ~~was~~ • ~~wie hoch~~.

• Sur l'affiche de Tim, complète trois des six informations manquantes à l'aide des réponses de Mia.

4 Reconstitue les questions.

1. | trinkt | was | Mia |
|---|---|---|

„Was trinkt Mia zum Frühstück?“
„Kakao.“

2. | kommt | Selma | wie |
|---|---|---|

„Wie Selma kommt zur Schule?“
„Mit dem Fahrrad.“

3. | Wie groß | Kasimir | ist |
|---|---|---|

„Wie groß Kasimir ist ?“
„45 cm.“

4. | Tim | spielt | Wo |
|---|---|---|

„Wo Tim spielt Gitarre?“
„In der Garage.“

Les mots interrogatifs

Wer? Qui ?
Wo? Où ?
Wie? Comment ?
Was? Quoi ?
Wann? Quand ?

Wie + adjectif ?
• Wie alt? (âge)
• Wie groß? (taille)
• Wie hoch? (hauteur)
…

Wo wohnen Tim und Mia?
Wie alt ist Selma?

ETAPPE 4

Im Reichstag

Der Reichstag

1 **Observe bien la photo et le dialogue puis coche la seule affirmation fausse.**

- ☐ Die deutsche Fahne ist schwarz, rot und gold.
- ☐ Der Reichstag ist alt und modern.
- ☒ Der Reichstag ist ab 10 Uhr geöffnet.
- ☐ Der Reichstag liegt direkt an einem Fluss.

2 **Relie chaque question à la réponse qui lui correspond, comme dans l'exemple donné.**

1. Ist Mia dreizehn Jahre alt?	Nein, aus München.
2. Wohnt Selma in Berlin?	Nein, sie ist Einzelkind.
3. Kommen Mia und Tim aus Hamburg?	Ja, Gitarre.
4. Hat Tim eine Schwester?	Ja, sie heißt Mia.
5. Spielt Mia ein Musikinstrument?	Nein, zwölf.
6. Hat Selma Geschwister?	Ja, in der Mozartstraße.

die Fahne : le drapeau ■ **liegen :** se situer ■ **der Fluss :** le fleuve ■ **das Einzelkind :** l'enfant unique ■ **die Geschwister :** les frères et sœurs ■ **insgesamt :** au total ■ **zu teuer :** trop cher

Le Reichstag est un palais de la fin du XIXe siècle. Rénové après la réunification allemande, il abrite le parlement (le Bundestag) depuis 1999. On peut visiter gratuitement sa coupole en verre.

3 Voici quelques articles proposés sur le site Internet du magasin de souvenirs du Bundestag. Observe bien leur prix et réponds aux questions suivantes par *ja* ou *nein*.

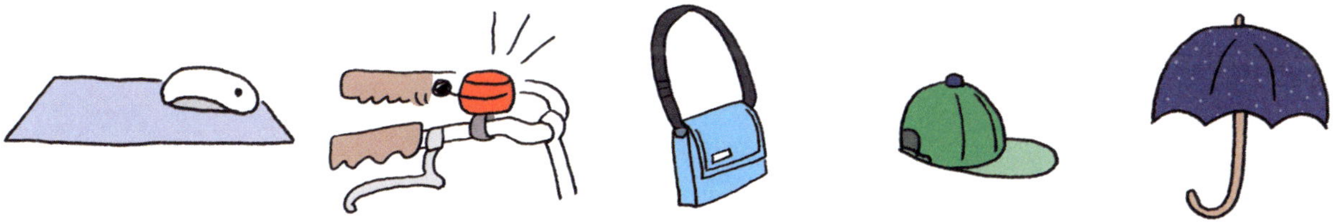

das Mauspad 7€	die Fahrradklingel 13€	die Tasche 89€	die Kappe 12€	der Regenschirm 34€

1. Kostet das Mauspad **fünf** Euro? ☐ ja ☒ nein
2. Kostet die Kappe **zehn** Euro? ☐ ja ☒ nein
3. Kostet der Regenschirm **vierunddreißig** Euro? ☒ ja ☐ nein
4. Kostet die Tasche **neunundneunzig** Euro? ☒ ja ☐ nein
5. Kostet die Fahrradklingel **dreizehn** Euro? ☒ ja ☐ nein

4 Après avoir visité le Reichstag, Mia et Selma se rendent sur le site Internet du magasin de souvenirs et commentent les prix. À partir de leurs réactions, retrouve de quels articles elles parlent.

Mia: „.................... und .... kosten insgesamt fünfundzwanzig Euro. Tja, es geht…"

Selma: „.................... und .... kosten insgesamt sechsundvierzig Euro. Viel zu teuer!"

5 Un camarade de classe qui ne connaît pas encore bien Mia lui pose des questions. Retrouve-les en fonction des réponses faites par Mia.

1. „.................... du ....?" „Ja, ich bin zwölf."
2. „.................... du ....?" „Nein, ich komme nicht aus Hamburg."
3. „.................... du ....?" „Nein, ich habe keine Schwester."
4. „.................... du ....?" „Nein, ich spiele nicht Saxophon."

Les questions fermées

On répond par ja ou nein aux questions commençant par un verbe conjugué.
Wohnst du in Köln? → Nein, ich wohne in Berlin.

Spiel und Spaß! 1

1 In der Schule

Retrouve dans la grille le nom des objets dessinés.

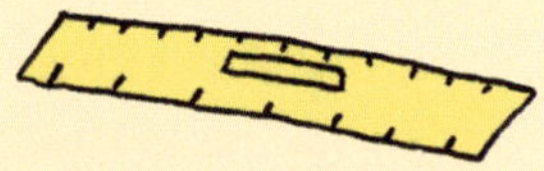

G	W	E	F	W	B	C	R	D	E
C	T	F	E	H	C	Y	F	M	D
D	Q	U	U	T	B	R	Z	X	Z
A	F	B	L	P	Y	Q	Z	Ç	B
Ç	L	I	Y	I	N	P	J	F	E
B	B	Z	D	Z	N	H	U	N	R
D	S	U	Z	V	R	E	P	N	E
K	A	E	C	M	F	B	A	V	H
Ç	M	N	K	H	E	N	E	L	C
J	V	B	L	E	U	O	B	J	S

2 Die Wochentage

Les jours de la semaine ont perdu leurs voyelles. Retrouve-les !

M_nt_g • D_ _nst_g • M_ttw_ch • D_nn_rst_g • Fr_ _t_g • S_nnt_g

Si tu as besoin d'aide, pioche parmi les voyelles suivantes :

i o o e a e i o
a a o a a i e

Quel jour manque-t-il ? Écris-le ici : ……………………………………

3 Was gehört nicht dazu?

Trouve l'intrus parmi les séries ci-dessous.

Mathe	Auto	Mittwoch	Reichstag
Englisch	Berlin	Oktober	Brandenburger Tor
Physik	Fahrrad	März	Fernsehturm
Sport	Bus	Dezember	Eiffelturm
Kino	Zug	Juli	Siegessäule
Geschichte	U-Bahn	Januar	Dom

4 Die Tiere

Complète la grille avec le nom des animaux. Si tu as besoin d'aide, tu peux piocher parmi les mots suivants :

(der) Vogel ● (die) Katze ● (der) Elefant ● (der) Pandabär ● (der) Fisch ● (die) Giraffe ● (das) Zebra ● (die) Maus ● (das) Känguru ● (der) Tiger ● (der) Hund

Kreativ! 1

Im Garten ist viel los!

Voici des objets que l'on peut soi-même construire pour son jardin ou son potager. Retrouve le nom allemand de chaque objet dans cette liste :

das Insektenhotel ● das Vogelhaus ● das Windrad ● die Gartenlaterne ● die Vogelscheuche ● die Halloween-Dekoration

A

....

B

....

C

....

D

....

E

....

F

....

Der Garten lebt!

der Vogel : l'oiseau
das Rad : la roue
der Wind : le vent
scheuchen : chasser

Ein Vogelhaus
aus einem Tetrapack basteln

Material:

- Eine leere Milchtüte (1 Liter)
- Wasserfeste Farben (aber kein Rot!)
- Eine Schere
- Ein runder Holzstab

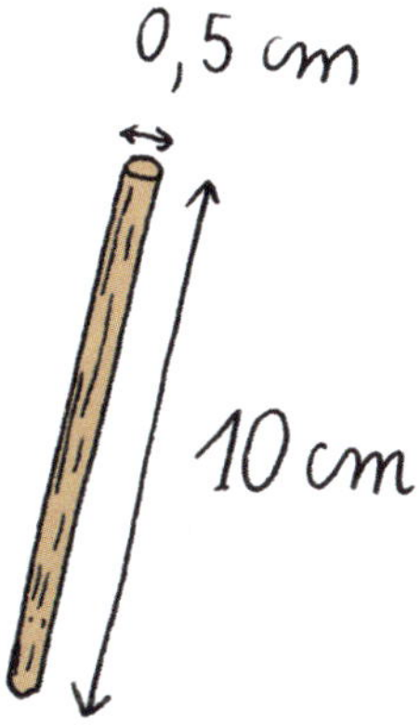

Konstruktion:

1. Die leere Milchtüte waschen und trocknen.
2. Die Tüte mit Farben bemalen.
3. Einen runden Eingang schneiden (5cm) und ein kleines Loch (0,5cm) unter dem Eingang schneiden.
4. Den runden Holzstab ins Loch einschieben.
5. Watte oder Hundehaare ins Haus reinlegen.
6. Das Vogelhaus aufhängen.

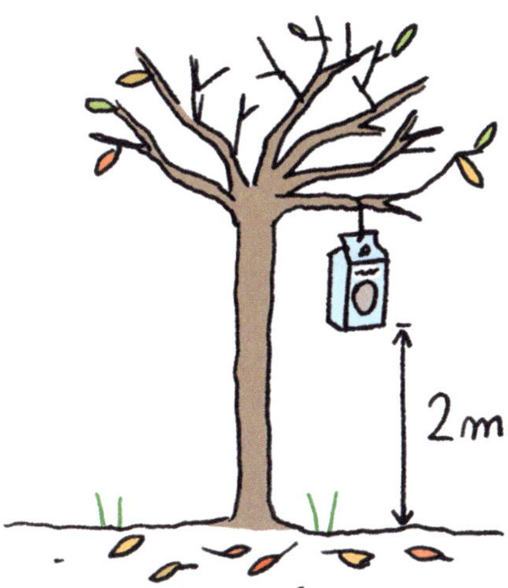

leer : vide
wasserfeste Farben : couleurs qui résistent à l'eau
waschen : laver
trocknen : sécher
bemalen : peindre
der Eingang : l'entrée
unter : sous
schneiden : découper
das Loch : le trou
einschieben : enfoncer
Watte : de la ouate
Hundehaare : des poils de chien
reinlegen : déposer à l'intérieur
aufhängen : suspendre

ETAPPE 5

Alles Gute zum Geburtstag!

Die Hackeschen Höfe

1 Vrai ou faux ? Observe la photo, puis coche la case qui convient.

1. Selma ist im Supermarkt. V ☐ F ☐
2. Im Hof gibt es Terrassen. V ☐ F ☐
3. Auf dem Foto gibt es Autos. V ☐ F ☐

2 Lis les textes et relie chaque objet à la boutique des *Hackesche Höfe* dans lequel on peut le trouver.

„Bei uns finden Sie leckere Produkte wie Saucen, Pralinen oder Tee."
Eat Berlin

„Hier finden Sie alle Ampelmann-Produkte!"
Ampelmann-Shop

„In unserem Laden gibt es sehr schicke Schuhe"
Trippen

A

B

C

der Geburtstag: l'anniversaire ■ **der Hof (Höfe)**: la cour ■ **bei uns**: chez nous ■ **lecker**: délicieux ■ **der Laden**: le magasin ■ **feiern**: fêter ■ **die Einladung**: l'invitation ■ **lachen**: rire ■ **endlich**: enfin

Dans les huit cours d'immeubles des Hackesche Höfe, on trouve un cinéma, un théâtre, des cafés, des boutiques, etc. Les étages sont habités.

3 *Eine Geburtstagsparty!* Lis l'invitation et réponds aux questions.

Liebe Selma,
zu unserem 12. Geburtstag möchten wir dich gerne einladen.
Wir feiern am 25. Oktober um 15 Uhr bei uns zu Hause.
Wir freuen uns, wenn du kommst.

Liebe Grüße von Mia und Tim

Tel : 3979 0222

1. Wer schreibt die Einladung? ....

2. Wann feiern sie ihren Geburtstag? 25 Oktober um 15 Uhr

3. Wie alt sind sie? 12 Wo ist die Party? Zu Hause

4 Mia complète un album avec des photos de sa fête d'anniversaire. Réécris la légende de chaque photo en commençant par ce qui est en gras, comme dans l'exemple.

1. Alle Freunde <u>sind</u> da (**um 15 Uhr**).
***Um 15 Uhr** <u>sind</u> alle Freunde da.*

2. Wir <u>lachen</u> immer. (**Mit Tim**)
Mit Tim ....

3. Wir <u>sind</u> offiziell 12 Jahre alt. (**Jetzt**)
....
....

4. Ich <u>tanze</u> mit Alex. (**Endlich**)
....
....

La place du verbe conjugué

Dans une phrase déclarative, le verbe conjugué se trouve toujours en deuxième position.

Le sujet est juste avant le verbe, ou juste après si la première position est déjà occupée.

Das Wetter <u>ist</u> schön. / In Berlin <u>ist</u> das Wetter schön.
sujet verbe — verbe sujet

ETAPPE 6

Im AquaDom

Das AquaDom im Hotel Radison

1 Regarde la photo et lis le dialogue, puis coche les bonnes réponses.

1. Das Aquarium ist	☐ in der Mitte.	☒ rechts.
2. Im Wasser gibt es	☐ Menschen.	☒ Fische.
3. Auf dem Aquarium gibt es	☐ ein Restaurant.	☒ eine Plattform.
4. Unter dem Aquarium ist	☒ die Rezeption des Hotels Radison.	☐ ein Zoo.

links : à gauche

rechts : à droite

in der Mitte : au milieu

2 Associe les questions et les réponses.

1. „Wo liegt das Hotel Radison?“
2. „Was kostet eine Nacht in diesem Hotel?“
3. „Wie heißt der Fluss, der durch Berlin fließt?“
4. „Ist das Hotel Radison weit von dem Reichstag entfernt?“

- „Um die 150€.“
- „Ja, ungefähr 2 km.“
- „In der Karl-Liebknecht-Straße.“
- „Die Spree.“

Menschen: des gens ■ **liegen:** être, se trouver ■ **um:** autour de ■ **der Fluss:** le fleuve ■ **fließen:** couler ■ **durch:** à travers ■ **weit (von…) entfernt:** loin (de…) ■ **ungefähr:** à peu près ■ **die Ausstattung:** l'équipement ■ **der Tisch:** la table ■ **der Schrank:** l'armoire ■ **das Fenster:** la fenêtre

L'AquaDom est le plus grand aquarium cylindrique du monde. Haut de 25 mètres, il a été construit au cœur de l'hôtel Radison, et inauguré en 2003. Il héberge un récif de corail et 2 500 poissons nageant dans un million de litres d'eau salée.

3 Voici une description de la suite « Saint-Nicolas », trouvée sur le site Internet de l'hôtel. Quels équipements peut-on y trouver ? Coche les cinq bonnes réponses.

Nikolai Suite: Ausstattung & Service

- Super Kingsize Bett
- Küche mit Kühlschrank und Mikrowelle
- Konferenzzimmer für 8 Personen
- Badewanne mit Jacuzzi
- Großer Wohnbereich mit Aquarium
- 3 LCD-Flachbildschirm-Fernseher

☒

☐

☒

☐

☐

☒

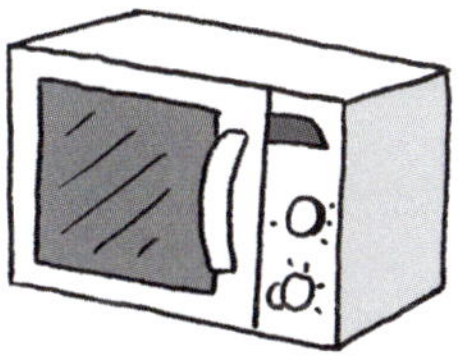
☒

☒

4 Observe la chambre de Selma et complète les phrases avec la préposition qui convient.

1. Eine Lampe steht ...auf... dem Nachttisch, ...neben... dem Bett.
2. Ein großer Schrank steht ...zwischen... den Fenstern.
3. ...In... dem Schrank gibt es ein Skateboard.
4. Und wer ist ...unter... dem Bett? Das ist Mitzi, die kleine Katze!

Dire où se trouve un objet ou une personne

On peut employer des prépositions telles que :

in (dans), auf (sur), unter (sous), über (au-dessus de), neben (à côté de), zwischen (entre).

Das Buch ist **auf** dem Tisch.
Mitzi liegt **unter** dem Bett.

ETAPPE 7

Kunst pur!

Vor der East-Side-Gallery

1 **Regarde bien les personnages de l'artiste Thierry Noir et retrouve l'affirmation correcte parmi les trois propositions suivantes.**

- ☐ Die Figuren haben keine Augen.
- ☐ Die Figuren haben keine Haare.
- ☐ Die Figuren haben keinen Mund.

2 **Complète les phrases suivantes avec l'adjectif qui convient le mieux :**

schwarz ● lang ● bunt ● braun.

1. Die East-Side-Gallery ist 1,3 Kilometer ....
2. Die Haare von Tim sind ...., aber die Haare von Selma sind ....
3. Die Figuren von Thierry Noir sind ....

L'East-Side-Gallery, le plus grand vestige du Mur de Berlin, est une galerie à ciel ouvert recouverte de fresques datant de 1990 et restaurées en 2009. Ici, l'œuvre du Français Thierry Noir.

lustig: amusant ■ **die Augen:** les yeux ■ **die Haare:** les cheveux ■ **der Mund:** la bouche ■ **braun:** marron, brun ■ **schwarz:** noir ■ **bunt:** coloré ■ **nett:** gentil

3 **Depuis 1990, date de création de l'East-Side-Gallery, les deux Allemagnes n'en forment qu'une. Que sais-tu de l'Allemagne d'aujourd'hui ? Lis ces informations sur l'Allemagne et la France, puis dis si les quatre affirmations sont vraies ou fausses.**

	Deutschland	Frankreich
Wohnfläche	circa 357 000 km^2	circa 640 000 km^2
Einwohnerzahl	circa 81 Millionen	circa 66 Millionen
Hauptstadt	Berlin	Paris
Staatsform	parlamentarische Demokratie	Republik
Offizielle Sprache	Deutsch	Französisch
Nachbarländer	Dänemark, Polen, Tschechien, Österreich, die Schweiz, Luxemburg, Belgien, Frankreich, die Niederlande	Andorra, Belgien, Deutschland, Italien, Luxemburg, Monaco, die Schweiz, Spanien
Nationalfeiertag	3. Oktober	14. Juli

1. L'Allemagne est plus grande que la France. V ☐ F ☐
2. En Allemagne comme en France, il n'y a qu'une langue officielle. V ☐ F ☐
3. Trois pays sont frontaliers à la fois de la France et de l'Allemagne. V ☐ F ☐
4. La fête nationale allemande est, elle aussi, célébrée en été. V ☐ F ☐

4 **Transforme les phrases données en suivant le modèle.**

Exemple : Mia hat einen roten Rucksack. ➜ Der Rucksack von Mia ***ist rot****.*

1. Tim trägt einen blauen Pullover. ➜ Der Pullover von Tim ....
2. Selma hat einen grauen Smartphone. ➜ Der Smartphone von Selma ....
3. Mia hat einen netten Hund. ➜ Der Hund von Mia ....
4. Mia und Tim haben ein großes Haus. ➜ Das Haus von Mia und Tim ....

L'adjectif attribut

En allemand, l'adjectif attribut est invariable. C'est pratique !

- **Masculin / féminin**
  Meine Schwester ist **groß**. / Mein Bruder ist **groß**.
- **Singulier / pluriel**
  Ich bin **sportlich**. / Meine Freunde sind **sportlich**.

ETAPPE 8

Lecker!

Am Imbissstand

1 La spécialité du stand ci-dessus est la « currywurst ». À ton avis, quel dessin illustre ce snack ? Coche la bonne réponse.

A ☐

B ☐

C ☐

2 De qui parle Selma ? De sa mère ou de son père ? Observe bien l'adjectif possessif qu'elle utilise.

1. Sein Mountainbike ist schwarz und weiß. ☐ Selmas Mutter ☐ Selmas Vater
2. Ihr Lieblingsessen ist Pizza. ☐ Selmas Mutter ☐ Selmas Vater
3. Ihre Lieblingsfarbe ist Blau. ☐ Selmas Mutter ☐ Selmas Vater
4. Seine Lieblingsband ist *Die Toten Hosen*. ☐ Selmas Mutter ☐ Selmas Vater

die Wurst : la saucisse ■ **Lieblings- :** préféré (par exemple, **Lieblingsband :** groupe de musique préféré) ■ **das Zimmer :** la chambre ■ **fahren :** conduire ■ **Pommes :** les frites ■ **Apfelschorle :** mélange d'eau gazeuse et de jus de pomme ■ **die Knochen :** les os

La currywurst est une spécialité berlinoise. C'est l'un des snacks préférés des Allemands.

3 **Voici la carte d'un stand de currywurst. Regarde les commandes de Mia et de Selma et retrouve ce qu'elles ont coûté.**

Speisen		Getränke	
Currywurst	2,90€	Cola (0,2l)	1,70€
Kartoffelsalat	1,60€	Mineralwasser (0,2l)	1,20€
Pommes	1,90€	Apfelschorle (0,2l)	1,70€
Menü (Currywurst + Pommes + Getränk)	6€	Tee	1,40€
Mayo oder Ketchup	0,50€		

• Mia:  +  + 

= .... €

• Selma:  +  +  = ... €

4 **Selma pose quelques questions à Mia. Complète les réponses de Mia à l'aide du bon adjectif possessif.**

1. **Selma:** „Wie heißt dein Vater?"
Mia: „.................................... Vater heißt Klaus."

2. **Selma:** „Wie heißt der beste Freund von Tim?"
Mia: „.................................... bester Freund heißt Markus."

3. **Selma:** „Was ist das Lieblingsgetränk von deiner Mutter?"
Mia: „.................................... Lieblingsgetränk ist Kaffee mit Milch."

Les adjectifs possessifs

ich	du	er	sie
mein	dein	sein	ihr

Spiel und Spaß! 2

1 Im Hotelzimmer

Observe bien cette chambre d'hôtel. Il manque trois objets sur l'image de droite. Lesquels ? Coche les trois bonnes réponses.

- ☐ das Bett
- ☐ der Nachttisch
- ☐ das Telefon
- ☐ die Lampe
- ☐ der Sessel
- ☐ das Poster
- ☐ der Stuhl
- ☐ der Teppich
- ☐ der Fernseher
- ☐ die Vase

2 Eine Einladung

Selma a répondu par SMS à l'invitation de Tim et Mia, mais ses mots se sont collés les uns aux autres. Retrouve son message.

liebetimundmianatürlichkommeichzueurergeburtstagsparty

L .... ,

....

.... G .... !!!

3 Was gehört nicht dazu?

Retrouve l'intrus qui s'est glissé dans les mots suivants.

Tee — Pizza — Kaffee

Kakao — Mineralwasser — Milch

4 Buchstabensalat

Les lettres des deux mots suivants sont dans le désordre. Arriveras-tu à les reconnaître ?

wyrrustruc ....

iuquaram ....

5 Eine verrückte Deko

Tim a des goûts spéciaux en matière de décoration ! Découvre à quoi ressemble sa chambre en la coloriant selon les indications données.

1. Das Bett ist grün.
2. Der Computer ist gelb.
3. Alle Bücher sind rot.
4. Der Teppich ist schwarz.
5. Der Nachttisch ist blau.
6. Die Wände sind lila.
7. Der Schreibtisch ist grau.
8. Die Lampen sind orange.
9. Die Gardinen sind braun und grün.
10. Der Hund ist rosa.

Kreativ! 2

Weltküche

À Berlin, on ne mange pas que de la Currywurst !
Dans cette ville cosmopolite, la variété des restaurants est telle qu'il est difficile de faire son choix !

Retrouve le restaurant qui correspond à chaque spécialité.

① *Paella*

② *Pizza Calzone*

- Italienisches Restaurant ☐
- Chinesisches Restaurant ☐
- Französisches Restaurant ☐
- Griechisches Restaurant ☐
- Japanisches Restaurant ☐
- Spanisches Restaurant ☐

③ *Sushi*

④ *Feta-Salat*

⑤ *Coq au Vin*

⑥ *Wok-Gemüse*

Heute wird gekocht!

Die Currywurst

Zutaten

Das Fleisch

- 2 Bratwürste

Die Sauce

- 250g Ketchup
- 60ml Wasser
- 1 EL Sojasauce
- 2 TL mildes Currypulver
- ½ TL Cayennepfeffer

EL = Esslöffel

TL = Teelöffel

Zubereitung

1 Ketchup, Curry, Sojasauce und Wasser aufkochen.

2 Die Mischung mit etwas Cayennepfeffer abschmecken.

3 Die Bratwürste in 2 EL Öl etwa 8 Minuten braten.

4 Die Würste in 2cm dicke Scheiben schneiden.

5 Die heiße Soße daraufgeben und mit Curry bestäuben.

die Bratwurst: la saucisse (type saucisse de Francfort)
Öl: huile
das Pulver: la poudre
der Pfeffer: le poivre
aufkochen: porter à ébullition
die Mischung: le mélange
abschmecken: assaisonner
braten: faire cuire à la poêle
schneiden: couper
daraufgeben: verser
bestäuben: saupoudrer

Guten Appetit!

ETAPPE 9

Ab ins Wasser!

Auf dem Badeschiff

1 **Observe la photo et complète ce texte à l'aide des mots ci-dessous :**

baden ● Freunde ● Wetter ● Buch.

Heute ist das .... schön. Viele Berliner möchten .... ,

aber sie möchten lieber draußen sein. Hier können sie .... treffen,

ein .... lesen oder einfach in der Sonne liegen.

2 **De qui est-il question dans les phrases suivantes ? Coche la bonne réponse.**

	Mia	Tim	Tim und Mia
1. Sie trinkt eine Cola und isst eine Banane.	☐	☐	☐
2. Er trägt eine Badehose.	☐	☐	☐
3. Sie tragen keine Schuhe.	☐	☐	☐
4. Sie liest eine SMS.	☐	☐	☐
5. Sie treffen Selma um 5 Uhr.	☐	☐	☐

baden : se baigner ■ **das Wetter** : le temps (météo) ■ **draußen** : dehors ■ **lieber** : de préférence ■ **treffen** : rencontrer ■ **liegen** : être allongé ■ **die Badehose** : le short de bain ■ **Schuhe** : des chaussures ■ **Plätzchen** : des biscuits ■ **gern** : volontiers ■ **fern/sehen (er sieht … fern)** : regarder la télé ■ **sprechen (er spricht)** : parler

Le Badeschiff est une piscine flottante de 32 mètres de long, installée sur la Spree depuis 2004. On y trouve aussi un sauna et un bar avec terrasse.

Chouette

5e

12-13 ANS

Corrigés

Allemand

- **Les corrigés des exercices**
  Tous les corrigés détaillés et expliqués

- **Les réponses des jeux et des activités**

Hatier

Corrigés

ETAPPE 1 Eine neue Freundin

1 1. Faux 2. Vrai 3. Faux 4. Faux

2 1. Sie gehen in die 7b. **Mia und Selma**
2. Sie finden Englisch interessant. **Mia und Selma**
3. Sie ist die Klassensprecherin der 7b. **Mia**
4. Sie sind gut in Mathe. **Mia und Selma**
5. Sie spielt Handball in der Schule. **Mia**

3 **Montag:** Englisch • **Dienstag:** Mathe • **Mittwoch:** Sport, Sport • **Freitag:** Chemie

4 1. Tim kommt aus München, er **wohnt** jetzt in Berlin.
2. Hallo, ich **bin** Mia, und du?
3. Mia und Tim? Sie **sind** 12 Jahre alt.
4. Ich gehe in die 8. Klasse. Und du, in welche Klasse **gehst** du?
5. Wir **haben** einen Hund, er **heißt** Kasimir.

ETAPPE 2 Im Zoologischen Garten

1 1. Das Foto zeigt den Zoo im Sommer.
2. Die Architektur ist asiatisch.
3. Die Statuen sind zwei Elefanten.

2 1. der Löwe 2. das Känguru 3. die Giraffe 4. der Pandabär

3 1. Faux 2. Faux 3. Vrai 4. Vrai 5. Vrai

4 1. 6,50 € 2. 20 € 3. 39 € 4. 30 €

5 1. **Er heißt** Andreas.
2. **Sie kostet** 6,50 €.
3. **Es ist** in der Budapester Straße.
4. **Er öffnet** jeden Tag um 9 Uhr.

ETAPPE 3 360° Panorama

1 die Spargel

2 1. Der Fernsehturm ist **368** Meter hoch.
2. Der Architekt **Hermann Henselmann** baute den Turm im Jahre **1969**.
3. Es gibt auch ein **Restaurant:** dort kann man Salate, Spaghetti oder Pizza essen!
4. Ein Ticket kostet **8,50** Euro für Kinder.

3 **Was** kostet der Eintritt für den Fernsehturm? • **Wie hoch** ist die Siegessäule? • **Wie** kommt man zum Reichstag?

der Fernsehturm Ticket: **8.50€**
die Siegessäule Höhe: **67 Meter**
der Reichstag Mit der U-Bahn: **U55**

Pour information, der Dom Höhe: 116 Meter • der Reichstag Ticket: frei • die Siegessäule Mit der U-Bahn: U9

4 1. **Was trinkt Mia** zum Frühstück?
2. **Wie kommt Selma** zur Schule?
3. **Wie groß ist Kasimir?**
4. **Wo spielt Tim** Gitarre?

ETAPPE 4 Im Reichstag

1 Der Reichstag ist ab 10 Uhr geöffnet.

2 1. Wohnt Selma in Berlin? Ja, in der Mozartstraße.
2. Kommen Mia und Tim aus Hamburg? Nein, aus München.
3. Hat Tim eine Schwester? Ja, sie heißt Mia.
4. Spielt Mia ein Musikinstrument? Ja, Gitarre.
5. Hat Selma Geschwister? Nein, sie ist Einzelkind.

3 1. nein 2. nein 3. ja 4. nein 5. ja

4 Mia. **Die Kappe** und **die Fahrradklingel** kosten insgesamt fünfundzwanzig Euro.
Selma. **Die Kappe** und **der Regenschirm** kosten insgesamt sechsundvierzig Euro.

5 1. **Bist** du **zwölf**?
2. **Kommst** du **aus Hamburg**?
3. **Hast** du **eine Schwester**?
4. **Spielst** du **Saxophon**?

Spiel und Spaß! 1

1 Schere *(ciseaux)* • Buch *(livre)* • Lineal *(règle)* • Heft *(cahier)*

2 Montag • Dienstag • Mittwoch • Donnerstag • Freitag • Sonntag • *Le jour qui manque est* Samstag.

3 Kino • Berlin • Mittwoch • Eiffelturm

4 **1.** Giraffe • **2.** Fisch • **3.** Pandabär • **4.** Katze • **5.** Elefant • **6.** Hund • **7.** Vogel • **8.** Känguru • **9.** Zebra • **10.** Tiger • **11.** Maus

Kreativ! 1

A

die Gartenlaterne

B

die Vogelscheuche

C

das Vogelhaus

D

das Insektenhotel

E

die Halloween-Dekoration

F

das Winrad

ETAPPE 5 Alles Gute zum Geburtstag!

1 1. Faux 2. Vrai 3. Faux

2 A. Ampelmann-Shop
B. Trippen
C. Eat Berlin

3 1. Tim und Mia
2. am 25. Oktober um 15 Uhr
3. 12 (Jahre alt) • zu Hause / bei Tim und Mia

4 2. Mit Tim lachen wir immer.
3. Jetzt sind wir offiziell 12 Jahre alt.
4. Endlich tanze ich mit Alex!

ETAPPE 6 Im AquaDom

1 1. Das Aquarium ist **in der Mitte**.
2. Im Wasser gibt es **Fische**.
3. Auf dem Aquarium gibt es **eine Plattform**.
4. Unter dem Aquarium ist **die Rezeption des Hotels Radison**.

2 1. Wo liegt das Hotel Radison?
In der Karl-Liebknecht-Straße.
2. Was kostet eine Nacht in diesem Hotel?
Um die 150€.
3. Wie heißt der Fluss, der durch Berlin fließt?
Die Spree.
4. Ist das Hotel Radison weit von dem Reichstag entfernt? Ja, ungefähr 2 km.

3

☒

☒

☒

☒

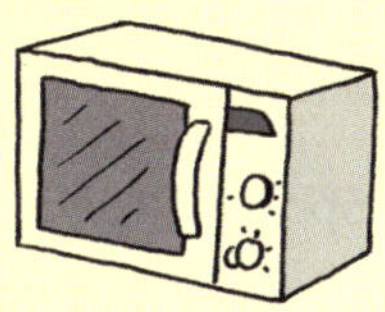

☒

Corrigés

4 1. Eine Lampe steht **auf** dem Nachttisch, **neben** dem Bett.
2. Ein großer Schrank steht **zwischen** den Fenstern.
3. **In** dem Schrank gibt es ein Skateboard.
4. Und wer ist **unter** dem Bett? Das ist Mitzi, die kleine Katze!

ETAPPE 7 Kunst pur!

1 Die Figuren haben keine Haare.

2 1. Die East-Side-Gallery ist 1,3 Kilometer **lang**.
2. Die Haare von Tim sind **braun**, aber die Haare von Selma sind **schwarz**.
3. Die Figuren von Thierry Noir sind **bunt**.

3 1. Faux 2. Vrai 3. Vrai 4. Faux

4 1. Der Pullover von Tim **ist blau**.
2. Der Smartphone von Selma **ist grau**.
3. Der Hund von Mia **ist nett**.
4. Das Haus von Mia und Tim **ist groß**.

ETAPPE 8 Lecker!

1 La currywurst correspond au dessin A.

2 1. Selmas Vater 2. Selmas Mutter 3. Selmas Mutter 4. Selmas Vater

3 Mia: **3.80€** • Selma: **6€**

4 1. **Mein** Vater heißt Klaus.
2. **Sein** bester Freund heißt Markus.
3. **Ihr** Lieblingsgetränk ist Kaffee mit Milch.

4 Currywurst • Aquarium

5 1. Le lit est vert.
2. L'ordinateur est jaune.
3. Tous les livres sont rouges.
4. Le tapis est noir.
5. La table de nuit est bleue.
6. Les murs sont violets.
7. Le bureau est gris.
8. Les lampes sont orange.
9. Les rideaux sont marron et verts.
10. Le chien est rose.

Spiel und Spaß! 2

1 der Sessel • das Telefon • die Vase

2 Liebe Tim und Mia, natürlich komme ich zu eurer Geburtstagsparty!

3 Pizza

Kreativ! 2

Italienisches Restaurant = Pizza Calzone (2)
Chinesisches Restaurant = Wok-Gemüse (6)
Französisches Restaurant = Coq au Vin (5)
Griechisches Restaurant = Feta-Salat (4)
Japanisches Restaurant = Sushi (3)
Spanisches Restaurant = Paella (1)

ETAPPE 9 Ab ins Wasser!

1 Heute ist das **Wetter** schön. Viele Berliner möchten **baden**, aber sie möchten lieber draußen sein. Hier können sie **Freunde** treffen, ein **Buch** lesen oder einfach in der Sonne liegen.

2 1. Sie trinkt eine Cola und isst eine Banane. **Mia**
2. Er trägt eine Badehose. **Tim**
3. Sie tragen keine Schuhe. **Tim und Mia**
4. Sie liest eine SMS. **Mia**
5. Sie treffen Selma um 5 Uhr. **Tim und Mia**

3 *Il fallait cocher le deuxième dessin* (Tennis spielen).

4 **Selma** sieht fern, **Frau Berger** spricht mit Oma am Telefon, **Kasimir** schläft auf dem Sofa und **Herr Berger** fährt nach Hamburg.

5 1. Selma und Mia fahren gern Rad, Tim **fährt** lieber Skateboard.
2. Tim und Mia essen sehr gern Pommes mit Ketchup. Selma **isst** lieber Currywurst.
3. Mia und ihre Mutter laufen gern Schlittschuh, aber Tim **läuft** lieber Ski.
4. Selma und Tim lesen viele Comics. Mia **liest** lieber Fantasy-Romane.

ETAPPE 10 Hurra!

1 1. Die Leute sind **Fußballfans**.
2. Die Mannschaft ist **Weltmeister**.
3. Das deutsche Nationaltrikot ist **schwarz-weiß**.

2 1. die Fußballschuhe = *les chaussures de foot*
2. der Fußballspieler = *le footballeur*
3. das Fußballstadion = *le stade de foot*
4. das Fußballmagazin = *le magazine de foot*
5. das Fußballtor = *le but*

3 Mia ne peut s'inscrire qu'à la Mädchenfußball-AG.
1. Frau Gedeck
2. Am Dienstagnachmittag, von 15 bis 17 Uhr
3. In der Sporthalle

4 1. *le sac de sport :* **die Sporttasche**
2. *le club de sport :* **der Sportclub**
3. *le professeur de musique :* **der Musiklehrer**
4. *l'école de danse :* **die Tanzschule**
5. *le club de théâtre :* **der Theaterclub**
6. *l'école de musique :* **die Musikschule**

ETAPPE 11 Touristen in Berlin

1 Ein gelb-weißes Velotaxi vor dem Brandenburger Tor

2 1. Mia 2. Velotaxi-Fahrer 3. Velotaxi-Fahrer 4. Mia

3 Sie haben die grüne Plakette.
Willkommen in meiner Zone! ❸
Kinder spielen hier: Fahren Sie nicht so schnell! ❹
Auto- und Busfahrer sind hier falsch! ❶
Fahren Sie langsamer: Sie sind vor einer Schule. ❷

4 1. Welche Hobbys **haben Sie**?
2. **Fahren Sie** gern Fahrrad?
3. **Finden Sie** Berlin schön?
4. **Haben Sie** viele Freunde in Berlin?

ETAPPE 12 Auf dem Markt

1 Klamotten • Smartphones und Tablets

2 1. ☹ 2. ☺ 3. ☺ 4. ☹

3 Mia: Berliner Naschmarkt • Tim: Cheese Berlin

4 1. Mia hasst Brokkoli, aber Tim findet sie **lecker**.
2. Tim **liebt** Käsebrötchen, aber Mia mag das nicht.
3. Tim mag Kiwis, aber Mia findet Kiwis zu **sauer**.
4. Mia liebt Spinat, das mag Tim aber **nicht**.

Spiel und Spaß! 3

1

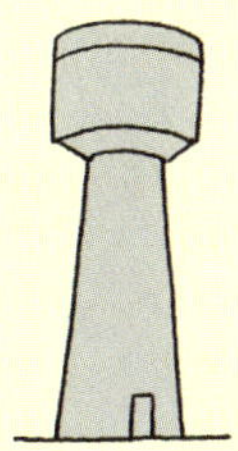
4

1

3

7

Corrigés

2 Er liebt mich.

3 Velotaxi **A** fährt zum Fernsehturm.
Velotaxi **B** fährt zum Zoo.
Velotaxi **C** fährt zum Olympiastadion.
Velotaxi **D** fährt zum Reichstag.

4 Salami • Wurst

Kreativ! 3

La proposition de Mia est correcte.
On remplit le seau B de 5 litres. On le vide dans A. Il reste donc 2 litres dans B. On vide le seau A. On vide le seau B dans A. On remplit à nouveau B et on verse ce que l'on peut dans A (1 litre). Il reste alors 4 litres dans B.

Etappe 13 Street Art

1 Die Figur ist nicht groß.

2 1. die französische Straße = *la rue française*
2. der Alexanderplatz = *la place Alexandre*
3. die Sonnenallee = *l'allée du soleil*
4. die Potsdamer Chaussee = *la chaussée de Potsdam*

3

4

1.  Er hat keine **Ohren**.

2.  Er hat keine **Haare**.

3.  Sie hat keinen **Mund**.

4.  Sie hat keine **Nase**.

5 1. Nein, sie hat **keine** Katze.
2. Nein, sie hat **keinen** Bruder.
3. Nein, sie kommen **nicht** aus Hamburg.
4. Nein, Kasimir ist **nicht** sportlich.

Etappe 14 Wie spät ist es?

1 das Auto und der Bus

2 1. In **Paris** ist es halb 4.
2. In **Moskau** ist es Viertel vor 5.
3. In **Tokio** ist es acht Uhr.
4. In **New York** ist es Viertel nach neun.

3 1. Am Freitag geht Herr Berger zum Frisör.
2. Um 17 Uhr 30 geht Kasimir zum Tierarzt.
3. Am 26. März kommen Opa und Oma nach Berlin.
4. Im April fahren die Berger nach Italien.
5. Morgen schreibt Mia eine Mathearbeit.

4 1. **Am** Samstag gehen Selma und Mia ins Kino.
2. Sie treffen sich **um** 19 Uhr bei Mia.
3. **Im** Sommer fahren Tim und Mia zu ihren Großeltern nach München.
4. **Am** Nachmittag gehen sie gern schwimmen.
5. Wann haben Mia und Tim Geburtstag? **Im** Oktober.

ETAPPE 15 Der Ampelmann

1 Il fallait cocher le premier dessin.

2

A.

2. Fahrt kein Skateboard auf dem Gehweg!

B.

3. Werft kein Papier auf die Straße!

C.

4. Sammelt den Hundekot auf!

D.

1. Geht bei rot nicht über die Ampel!

3

1. Die Berliner Ampeln haben akustische Signale: sie piepsen, wenn es grün ist.	
2. Alle Busse haben elektrische Rampen: Rollstuhlfahrer können sicher ein- und aussteigen.	
3. Führungen in Gebärdensprache: Das gibt es im Deutschen Historischen Museum.	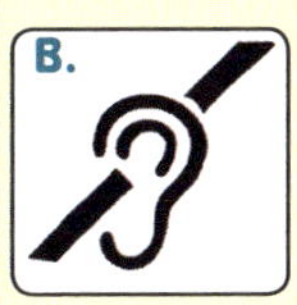

4 1. Tim, **mach** deine Hausaufgaben!
2. Tim und Mia, **putzt** euch die Zähne!
3. Mia, **pack** deine Schultasche!
4. Tim, **iss** weniger Bonbons!

ETAPPE 16 Die Berlinale

1 der goldene Bär

2 La plus belle : **Kate** • La plus sportive : **Susi** • La plus grande : **Susi** • La plus sympathique : **Kate**

3 Non, la candidature ne peut pas être retenue car Jan ne parle pas anglais.

4 Der Gepard ist **schneller als** die Antilope.
Der Berliner Fernsehturm ist **höher als** der Eiffelturm.
Die Kinokarte ist **billiger als** die Konzertkarte.

Spiel und Spaß! 4

1 Das ist der **AMPELMANN**.

2

R	Rostock	**Russland**	Rhein	**Ratte**	**Redakteur**	Rugby
S	Stuttgart	**Spanien**	**Spree**	Skorpion	Surflehrer	**Squash**
M	**München**	**Mexiko**	Main	**Maus**	**Modedesigner**	Minigolf
E	Essen	**England**	Elbe	**Eisbär**	Elektriker	**Eishockey**

3 Das ist **Sandra**.

4 1. das **Fahrrad** 2. er **isst** 3. **vierzehn** 4. **die** Mutter 5. **Dienstag** 6. 10.15 = Viertel **nach** zehn 8. die **Katze** 9. **Wie** alt bist du? 10. 6 x 3 = **achtzehn** 11. Sie **tanzen** 13. der **Fuß** 14. **Samstag** 15. **am** 20. April 16. 7.30 = halb **acht** 17. Sie putzt ihre **Zähne**. 18. der **Frisör**

3 En novembre, le *Badeschiff* se transforme pour l'hiver. Lis le texte et coche la seule activité que l'on ne peut pas y pratiquer.

Von November bis Ende Dezember können die Besucher Schlittschuh laufen. Am Wochenende können sie auch Live-Musik hören. Ein schönes Programm haben wir auch für die jüngsten Besucher: die Kinder können Plätzchen backen, basteln oder Bücher lesen.

 ☐

 ☐

 ☐

 ☐

 ☐

4 Pendant que Tim et Mia sont sur le *Badeschiff*, que font leurs parents, Selma et Kasimir ? Observe les dessins et complète les phrases avec les mots suivants :

Herr Berger ● Frau Berger ● Selma ● Kasimir.

.... sieht fern, ... spricht mit Oma am Telefon,

.... schläft auf dem Sofa und .... fährt nach Hamburg.

5 Chacun ses goûts ! Complète les phrases comme dans l'exemple.

Exemple : Frau Berger und Mia sprechen gut Englisch, Herr Berger ***spricht*** *besser Französisch.*

1. Selma und Mia fahren gern Rad, Tim .... lieber Skateboard.
2. Tim und Mia essen sehr gern Pommes mit Ketchup. Selma .... lieber Currywurst.
3. Mia und ihre Mutter laufen gern Schlittschuh, aber Tim .... lieber Ski.
4. Selma und Tim lesen viele Comics. Mia .... lieber Fantasy-Romane.

Les verbes forts

Certains verbes changent de voyelle à la 2e et à la 3e personnes du singulier.

fahren	lesen	sprechen
ich fahre	ich lese	ich spreche
du fährst	du liest	du sprichst
er fährt	er liest	er spricht

Au pluriel, ces verbes ont une conjugaison régulière.

ETAPPE 10 Hurra!

Die Fanmeile am Brandenburger Tor

1 Observe la photo et coche les bonnes réponses.

1. Die Leute sind	☐ Fußballfans.	☐ Basketballfans.
2. Die Mannschaft ist	☐ Europameister.	☐ Weltmeister.
3. Das deutsche Nationaltrikot ist	☐ schwarz-weiß.	☐ schwarz-rot-gold.

2 Relie chaque dessin au mot qui lui correspond.

1. die Fußballschuhe •
2. der Fußballspieler •
3. das Fußballstadion •
4. das Fußballmagazin •
5. das Fußballtor •

die Leute : les gens ■ **WM** (abréviation de **die Weltmeisterschaft**) : la coupe du monde ■ **die Welt :** le monde ■ **das Trikot :** le maillot ■ **das Tor :** le but ■ **Lust auf :** envie de ■ **die AG :** le club (à l'école) ■ **der Tanz :** la danse ■ **die Tasche :** le sac

Le 13 juillet 2014, la Mannschaft (l'équipe nationale allemande de football masculin) a remporté la finale de la Coupe du monde à Rio de Janeiro, au Brésil. L'Allemagne devenait ainsi championne du monde pour la quatrième fois.

3 **À l'école, Mia regarde les annonces pour choisir une activité sportive. Elle a repéré celles-ci :**

DEUTSCHER FUSSBALL-BUND

Hast du Lust auf Fußball?
Bist du ein Mädchen?
Bist du in 8. oder in 9. Klasse?
Komm und mach mit in der

Mädchenfußball-AG!

Am Dienstagnachmittag (15-17 Uhr)
in der Sporthalle
Trainerin: Frau Gedeck

DEUTSCHER FUSSBALL-BUND

Eine AG für Fußballfans!
Wer? alle Jungen ab 12 Jahre
Wo? Auf dem Sportplatz
Wann? Freitags von 16 bis 17:30 Uhr
Trainer: Herr Krause

Mia ne peut s'inscrire qu'à l'un de ces deux clubs : lequel ? Réponds aux questions sur ce club.

1. Wer trainiert die Gruppe? ....
2. Wann trainiert die AG? ....
3. Wo trainiert sie? ....

4 ***Du bist dran!*** **Choisis deux mots allemands parmi ceux proposés, et associe-les pour traduire les termes français. Attention, le déterminant *(der/die/das)* sera celui du deuxième élément !**

das Theater ● die Musik ● der Sport ● die Tasche ● die Schule ● der Tanz ● der Lehrer ● der Club

Exemple : le professeur de sport → der Sportlehrer

1. le sac de sport → d_ _ S_ _ _ _t_ _ _ _ _
2. le club de sport → d_ _ S_ _ _ _c_ _ _
3. le professeur de musique → d_ _ M_ _ _ _l_ _ _ _ _
4. l'école de danse → d_ _ T_ _ _s_ _ _ _ _
5. le club de théâtre → d_ _ T_ _ _ _ _ _c_ _ _
6. l'école de musique → d_ _ M_ _ _ _s_ _ _ _ _

Les mots composés

On peut associer deux mots pour en former un nouveau.
der Sport + die Lehrerin → die Sportlehrerin
C'est le deuxième mot qui donne son genre au nouveau mot constitué.
Attention, l'ordre des mots est inversé par rapport au français ! → la professeure de sport

ETAPPE 11

Touristen in Berlin

Tourismus ohne Stress

1 Parmi les trois titres suivants, un seul convient à la photo ci-dessus. Lequel ?

- ☐ Ein gelb-weißes Velotaxi vor dem Brandenburger Tor
- ☐ Ein gelb-weißes Fahrrad vor dem Brandenburger Tor
- ☐ Ein gelb-weißes Velotaxi vor dem Reichstag

2 À qui Tim pose-t-il les questions suivantes ? Au chauffeur du vélotaxi ou à Mia ?

1. Kannst du mir bitte ein Taschentuch geben?	☐ Velotaxi-Fahrer	☐ Mia
2. Können Sie bitte schneller fahren?	☐ Velotaxi-Fahrer	☐ Mia
3. Willst du ein Bonbon?	☐ Velotaxi-Fahrer	☐ Mia
4. Mögen Sie Berlin?	☐ Velotaxi-Fahrer	☐ Mia

schnell : vite ■ **können** : pouvoir ■ **das Taschentuch** : le mouchoir ■ **geben** : donner ■ **wollen** : vouloir ■ **mögen (du magst)** : aimer ■ **die Plakette** : la vignette ■ **willkommen** : bienvenue ■ **langsam** : lentement ■ **die Straße** : la rue ■ **die Umwelt** : l'environnement ■ **falsch sein** : être au mauvais endroit ■ **spazieren gehen** : se promener

Berlin se visite, comme de nombreuses villes dans le monde, en vélotaxi. C'est écologique et convivial !

3 **Voici quatre panneaux que le chauffeur de vélotaxi rencontre quotidiennement.**

1 | 2 | 3 | 4

Si ces panneaux pouvaient parler, que diraient-ils aux usagers de la rue ?
Inscris dans les cases le numéro qui convient.

- ☐ Sie haben die grüne Plakette. Willkommen in meiner Zone!
- ☐ Kinder spielen hier: Fahren Sie nicht so schnell!
- ☐ Auto- und Busfahrer sind hier falsch!
- ☐ Fahren Sie langsamer: Sie sind vor einer Schule.

4 **Dans le cadre d'un exposé sur les Berlinois, Tim et Mia vont interviewer la mère de Selma. Tim a déjà préparé une liste, mais il a oublié le vouvoiement. Aide-le à modifier ses questions comme dans l'exemple.**

Exemple : Wie alt bist du? → ***Wie alt sind Sie?***

1. Welche Hobbys hast du? ....
2. Fährst du gern Fahrrad? ....
3. Findest du Berlin schön? ....
4. Hast du viele Freunde in Berlin? ....

Tutoiement et vouvoiement

En allemand, on tutoie à l'aide du pronom personnel du et on vouvoie avec Sie. N'oublie pas la majuscule !

Avec Sie, le verbe se conjugue comme à la 3e personne du pluriel.
Selma, spielst du Gitarre?
Frau Becker, spielen Sie Klavier?

ETAPPE 12

Auf dem Markt

In der Markthalle Neun

1 **Lis le texte en bas à droite de la page. Que ne vend-on pas dans ces halles ? Coche les deux bonnes réponses.**

☐ Klamotten ☐ Obst und Gemüse ☐ Smartphones und Tablets ☐ Fisch und Fleisch

2 **Devant un stand de fruits, Mia exprime ses goûts. Dessine après chaque phrase le smiley correspondant : ☹ ou ☺.**

1. Igitt! Ich hasse Ananas.
2. Total lecker! Ich liebe Bananen.
3. Süß und saftig! Ich mag Äpfel.
4. Zu sauer… Pampelmusen mag ich nicht.

die Klamotten : les vêtements ■ **Obst und Gemüse** : fruits et légumes ■ **igitt** : beurk ■ **hassen** : détester ■ **lieben** : adorer ■ **lecker** : délicieux ■ **süß** : sucré ■ **saftig** : juteux ■ **mögen (ich mag)** : aimer ■ **zu sauer** : trop acide ■ **Naschkatze** : gourmand(e)

La Markthalle Neun *est un célèbre marché alimentaire de Berlin. Tous les jeudis soir, c'est le* Street Food Thursday *: les Berlinois se pressent en masse pour déguster dans ce lieu très branché de la nourriture de rue.*

3 **La *Markthalle Neun* organise régulièrement des journées « découverte » autour d'un produit. Lis les trois prospectus suivants et retrouve l'événement qui correspond le mieux au goût de chacun.**

Wurst Berlin
Termin: 7. Februar
Produkte: Leckere Würstchen und Wurstsorten aus der ganzen Welt

Berliner Naschmarkt
Termin: 7. Juni
Produkte: Eis, Kuchen, Kekse, Bonbons oder Torten in bester Qualität

Cheese Berlin
Termin: 7. Oktober
Produkte: Ziegen- und Kuhkäse aus vielen Regionen Deutschlands und Europas

Mia: „Ich, eine Naschkatze? Ja, total! Pralinen, Nougat und Schokolade finde ich einfach lecker…“

☐ Berliner Naschmarkt ☐ Cheese Berlin ☐ Wurst Berlin

Tim: „Süßigkeiten sind nichts für mich. Ich bin ein richtiger Käsefan, wie meine Mutter!“

☐ Berliner Naschmarkt ☐ Cheese Berlin ☐ Wurst Berlin

4 **Tim et Mia sont jumeaux mais n'ont pas toujours les mêmes goûts. Complète ce texte en piochant parmi les mots proposés :**

liebt ● sauer ● nicht ● lecker.

1. Mia hasst Brokkoli, aber Tim findet sie …………………… .
2. Tim …………………… Käsebrötchen, aber Mia mag das nicht.
3. Tim mag Kiwis, aber Mia findet Kiwis zu …………………… .
4. Mia liebt Spinat, das mag Tim aber …………………… .

Exprimer ses goûts

Pour exprimer tes goûts, tu peux utiliser les expressions suivantes :

Ich liebe… ♥♥ Ich mag… ♥
… mag ich nicht. ✗ Ich hasse… ✗✗

Spiel und Spaß! 3

1 Rund um das Wasser

Les sept mots composés suivants contiennent le mot *Wasser*.
Retrouve les quatre mots composés qui correspondent aux images ci-dessous :

1 die Wassermelone • **2** der Wasserfall • **3** Wasserball
4 der Wasserturm • **5** das Wasserbett • **6** der Wasserpark • **7** Wasserski

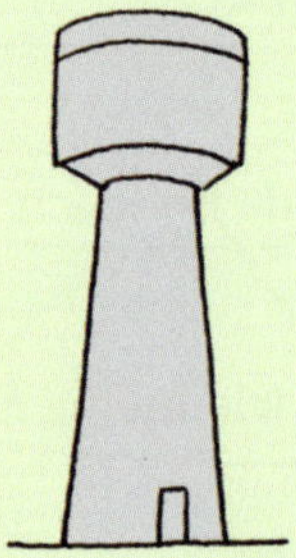

○

○

○

○

2 Liebt er mich?

Mia a un petit faible pour l'un de ses camarades de classe, mais elle ne sait pas s'il s'intéresse aussi à elle.

Elle décide de cueillir une pâquerette et de l'effeuiller en alternant : *Er liebt mich / Er liebt mich nicht.* C'est en effet la version allemande de « Il m'aime un peu, beaucoup, à la folie… ».

Quel est le verdict ?

☐ Er liebt mich.

☐ Er liebt mich nicht.

3 Und los geht's!

Où se rend chaque vélotaxi ? Complète ces phrases par la lettre du vélotaxi.

- Velotaxi .... fährt zum Reichstag.
- Velotaxi .... fährt zum Fernsehturm.
- Velotaxi .... fährt zum Zoo.
- Velotaxi .... fährt zum Olympiastadion.

4 Der Einkaufszettel

Observe la liste de courses suivante. Barre les produits qui ne conviendraient pas à un végétarien.

Bananen und Tomaten
Orangensaft
Salami
WC-Papier
Ketchup
Shampoo
Mineralwasser
Kaffee
Wurst
Taschentücher

Kreativ! 3

Eine Idee für eine Geburtstagsparty

Das Monster-Dosenwerfenspiel

Material

Für die Monster:

- 10 Pappteller 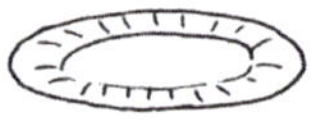
- 10 leere Konservendosen 
- Filzstifte oder Farben  
- Klebepads oder Klebeband 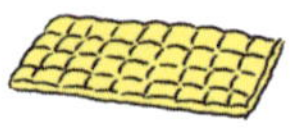 

Für die Bälle:

- alte Socken, die man zusammenballt 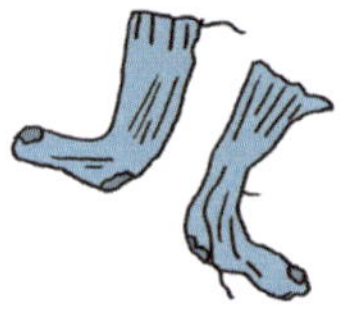

Konstruktion

1. Die Pappteller mit Monster-Motiven bemalen.
2. Die „Monsterteller“ an die Konservendosen kleben (mit Klebeband oder Klebepads).
3. Die Dosen übereinanderstapeln: 5 in der ersten Reihe, dann 4, dann 3 und oben noch eine.

Spielregeln

Jeder Spieler wirft zwei Bälle auf die Dosen und zählt: Wie viele Dosen sind gefallen? Der Spieler, der die meisten Dosen umwerfen konnte, ist der Sieger.

das Dosenwerfen : le chamboule-tout
zusammenballen : rouler en boule
kleben : coller
übereinanderstapeln : poser les uns sur les autres
die Reihe : la rangée
werfen (er wirft) : lancer
zählen : compter
sind... gefallen : sont tombé(e)s
die meisten : le plus de
umwerfen : renverser
der Sieger : le gagnant

Ein Wasser-Rätsel

En cours de mathématiques, Tim, Mia et Selma doivent résoudre une énigme.

On dispose d'un seau d'une capacité de 3 litres, d'un seau d'une capacité de 5 litres et d'un accès à l'eau. Mais on ne dispose d'aucun appareil de mesure.

Comment remplir le seau de 5 litres de **précisément 4 litres d'eau** ?

3L

Eimer A

5L

Eimer B

Mia propose les six étapes suivantes.

1. Eimer B **füllen**
2. Eimer B **in** Eimer A **umgießen**
3. Eimer A **weggießen**
4. Eimer B **in** Eimer A **umgießen**
5. Eimer B **füllen**
6. Eimer B **in** Eimer A **umgießen**

füllen : remplir
umgießen : verser
weggießen : vider dans l'évier

La proposition de Mia est ☐ correcte. ☐ fausse.

N'hésite pas à mettre ta famille au défi de résoudre cette énigme !

ETAPPE 13

Street Art

Ein Street-Yogi in Berlin

1 Regarde la photo et coche la seule affirmation correcte.

- ☐ Tim und Selma sind nicht in der Hertzbergstraße.
- ☐ Selma weiß nicht, was die Figur macht.
- ☐ Die Figur ist nicht groß.

2 Relie le nom en allemand de ces quelques lieux dans Berlin à leur nom en français.

1. die französische Straße ●	● la place Alexandre
2. der Alexanderplatz ●	● l'allée du soleil
3. die Sonnenallee ●	● la rue française
4. die Potsdamer Chaussee ●	● la chaussée de Potsdam

wissen (sie weiß) : savoir ■ **stehen** : être debout ■ **allein** : seul ■ **die Hand (-¨e)** : la main ■ **der Boden** : le sol ■ **der Körper** : le corps ■ **der Fuß** : le pied ■ **die Ohren** : les oreilles ■ **die Haare** : les cheveux ■ **der Mund** : la bouche ■ **die Nase** : le nez

L'art de rue est très présent à Berlin : on y trouve de très nombreux graffitis, ainsi que des œuvres originales comme les Street Yogis, petits personnages fabriqués à partir de bouchons de liège et trônant sur des plaques de rue.

3 **Lis les descriptions, puis retrouve le personnage auquel elles correspondent.**

Ich stehe, und ich bin nicht allein. **A**

Ich stehe nicht, meine Hände sind auf dem Boden. **B**

Ich stehe, und mein „Körper“ ist nicht braun. **C**

Ich stehe, aber ein Fuß ist in meiner Hand. **D**

4 **Que manque-t-il ? Observe les dessins et complète les phrases avec les mots ci-dessous :**

Mund ● Haare ● Nase ● Ohren.

1. Er hat keine ....

2. Er hat keine ....

3. Sie hat keinen ....

4. Sie hat keine ....

5 **Réponds aux questions par la négative. Fais attention au choix des négations :** ***nicht* ou *kein*.**

1. Hat Mia eine Katze? Nein, sie hat ....
2. Hat Selma einen Bruder? ....
3. Kommen Tim und Mia aus Hamburg? ....
4. Ist Kasimir sportlich? ....

La négation

Pour nier un groupe nominal indéfini (ein- ou absence d'article), on emploie la négation kein-.

Das ist ein Buch. → Nein, das ist **kein** Buch.

Er hat Kinder. → Nein, er hat **keine** Kinder.

Dans les autres cas, on emploie la négation nicht.

Die Figur ist groß. → Nein, die Figur ist **nicht** groß.

Die Figur tanzt. → Nein, die Figur tanzt **nicht**.

ETAPPE 14

Wie spät ist es?

Die Weltzeituhr am Alexanderplatz

1 Observe la photo et coche le nom des moyens de transport qui n'y apparaissent pas.

- ☐ das Auto
- ☐ die Straßenbahn
- ☐ das Fahrrad
- ☐ der Bus

2 *Wie spät ist es?* Complète les phrases avec ces noms de villes : Paris ● New York ● Tokio ● Moskau.

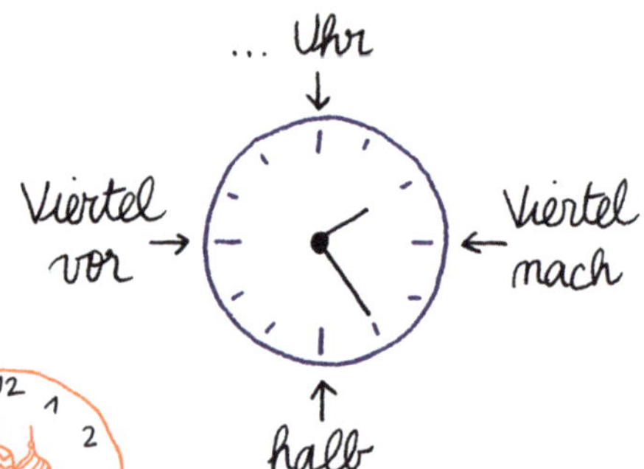

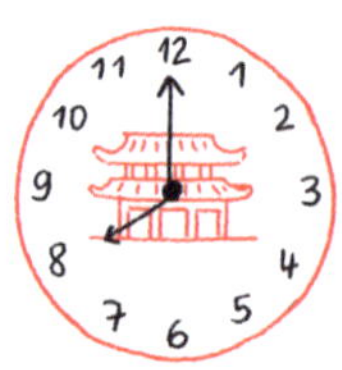

1. In .... ist es halb 4.
2. In .... ist es Viertel vor 5.
3. In .... ist es acht Uhr.
4. In .... ist es Viertel nach neun.

Depuis 1969, la Urania-Weltzeituhr indique l'heure dans les 24 fuseaux horaires de la planète. Surmontée d'une sculpture représentant le système solaire, elle mesure 10 mètres de haut.

die Straßenbahn : le tramway ■ **der Tierarzt :** le vétérinaire ■ **das Kino :** le cinéma ■ **sich treffen :** se retrouver

3 **Regarde le planning de la famille Berger et relie chaque complément de temps à l'événement.**

Montag	Dienstag	Mittwoch	Donnerstag	Freitag	Samstag	Sonntag
16	17	18	19	20	21	22
	Tierarzt 17:30	Mathearbeit!!!		Frisör (Papa)		
23	24	25	26	27	28	29
			Oma und Opa in Berlin! Zug 17:47			
30	31					

Rom 20.-26. / 04. das Hotel reservieren!

1. Am Freitag ● — ● schreibt Mia eine Mathearbeit.
2. Um 17 Uhr 30 ● — ● kommen Opa und Oma nach Berlin.
3. Am 26. März ● — ● geht Kasimir zum Tierarzt.
4. Im April ● — ● fahren die Berger nach Italien.
5. Morgen ● — ● geht Herr Berger zum Frisör.

4 **Complète ces phrases avec la préposition qui convient : *am*, *um* ou *im*.**

1. .... Samstag gehen Selma und Mia ins Kino.
2. Sie treffen sich .... 19 Uhr bei Mia.
3. .... Sommer fahren Tim und Mia zu ihren Großeltern nach München.
4. .... Nachmittag gehen sie gern schwimmen.
5. Wann haben Mia und Tim Geburtstag? .... Oktober.

Les compléments de temps

Ils sont souvent introduits par des prépositions :
- **um pour indiquer l'heure : um 3 Uhr**
- **am pour indiquer le jour, la partie du jour ou la date : am Montag, am Morgen, am 15. Januar**
- **im (= in dem) pour indiquer le mois ou la saison : im Februar, im Sommer**

On peut aussi employer des adverbes tels que heute (aujourd'hui), gestern (hier), morgen (demain).

ETAPPE
15 Der Ampelmann

Tim und Mia vor der Ampel

1 **Certaines villes allemandes ont remplacé les *Ampelmänner* par des *Ampelfrauen*. Quels personnages correspondent à cette appellation ? Coche la bonne réponse.**

☐ 
☐ 
☐ 

2 **Avant de partir en promenade, les parents de Tim et Mia leur ont donné quelques recommandations. Relie chaque phrase au panneau correspondant.**

1. Geht bei rot nicht über die Ampel! •
2. Fahrt kein Skateboard auf dem Gehweg! •
3. Werft kein Papier auf die Straße! •
4. Sammelt den Hundekot auf! •

die Ampel : le feu ■ **piepsen :** faire bip ■ **die Rampe :** la rampe d'accès ■ **ein- und aussteigen :** monter et descendre ■ **die Führung :** la visite guidée ■ **die Gebärdensprache :** la langue des signes ■ **die Hausaufgaben :** les devoirs ■ **die Zähne :** les dents ■ **die Schultasche :** le cartable

Avant la réunification, le Ampelmann n'était présent que sur les feux tricolores est-allemands. Aujourd'hui devenu culte, on le trouve même dans des villes de l'Ouest de l'Allemagne.

3 **Un prospectus berlinois cite trois équipements que propose la ville aux personnes handicapées. À quel handicap répond chaque équipement ? Relie-les.**

1. Die Berliner Ampeln haben akustische Signale: sie piepsen, wenn es grün ist. •

2. Alle Busse haben elektrische Rampen: Rollstuhlfahrer können sicher ein- und aussteigen. •

3. Führungen in Gebärdensprache: Das gibt es im Deutschen Historischen Museum. •

• A 

• B 

• C 

4 **Tim et Mia sont parfois tête en l'air. Complète ce que leur disent leurs parents.**

*Exemple : Tim und Mia, **geht** ins Bett! (gehen)*

1. Tim, ... deine Hausaufgaben! (machen)
2. Tim und Mia, ... euch die Zähne! (putzen)
3. Mia, ... deine Schultasche! (packen)
4. Tim, ... weniger Bonbons! (essen)

L'impératif

- **Au singulier :** conjugue le verbe à la 3e personne du singulier (présent) et enlève-lui toute terminaison.
  fressen ➜ er frisst die Kroketten ➜ Friss die Kroketten!
  Attention : les verbes irréguliers en a perdent leur Umlaut.
  Schlaf gut!
- **Au pluriel :** ajoute un t au radical du verbe.
  gehen ➜ geh+t ➜ Geht ins Bett!

ETAPPE 16

Die Berlinale

Internationale Filmfestspiele Berlin

Die Berlinale

1 **Au Festival de Cannes, la récompense majeure s'appelle la « palme d'or ».**
À ton avis, comment s'appelle son équivalent à la Berlinale ? Il y a un indice sur la photo.

☐ der goldene Elefant ☐ der goldene Adler ☐ der goldene Bär

L'actrice préférée de Tim se prénomme Susi alors que celle de Mia se prénomme Kate.
Remplis le tableau suivant à l'aide des indices donnés par les adolescents.

2

Tim: „Susi ist sportlicher als Kate."
Mia: „Ja, aber Kate ist schöner als Susi."
Tim: „O.K. Aber Susi ist viel größer als Kate."
Mia: „Kann sein. Aber Kate ist viel netter als Susi."

La plus belle	La plus sportive	La plus grande	La plus sympathique
....	....	....	....

der Promi : l'« huile » (le personnage important) ■ **der Adler :** l'aigle ■ **die Bedingungen :** les conditions ■ **die Aufgaben :** les tâches ■ **der Schauspieler :** l'acteur ■ **sprechen :** parler ■ **erst :** seulement ■ **schnell :** rapide ■ **der Eiffelturm :** la tour Eiffel ■ **hoch :** haut ■ **billig :** bon marché ■ **die Karte :** le ticket

La Berlinale est un festival mondialement connu, dédié au cinéma du monde entier. Il se tient chaque année en février à Berlin.

3 **Un journal berlinois publie chaque année une annonce pour recruter de jeunes reporters pour la Berlinale.**

Die Kinderberlinale

Bedingungen:
- zwischen 8 und 12 Jahre alt sein
- ein Filmfan sein
- ein wenig Englisch sprechen
- in Berlin wohnen

Aufgaben:
- Kinderfilme sehen
- Schauspieler interviewen

Bist du interessiert?

Dann schreib uns bis zum 10. Dezember eine kurze Mail!

La candidature ci-dessous peut-elle être retenue ? ☐ oui ☐ non

Hi!

Ich heiße Jan, bin neun Jahre alt und wohne in Berlin-Kreuzberg. Ich bin ein totaler Filmfan: Mein Lieblingsfilm ist Madagaskar 3 und mein Lieblingsregisseur ist Steven Spielberg. Ich spreche kein Englisch, denn ich bin erst in der fünften Klasse.

Ich möchte bitte Reporter für die Berlinale werden!

Tschüs!

4 **Compare les éléments suivants en utilisant l'adjectif proposé.**

Deutschland: 357.021 km² Frankreich: 547.030 km²	groß	*Frankreich ist* ***größer als*** *Deutschland.*
Die Antilope: 88 km/h der Gepard: 110 km/h	schnell	....
der Eiffelturm: 300 m der Berliner Fernsehturm: 368 m	hoch	....
die Kinokarte: 12,50 € die Konzertkarte: 50 €	billig	....

Le comparatif de supériorité

- Il se forme en ajoutant -er à l'adjectif.
  sportlich → sportlicher (als…)
- Les adjectifs courts (une syllabe) prennent un Umlaut si leur voyelle est a, o ou u.
  alt → älter (als…) groß → größer (als…)
- Attention : il existe de nombreuses exceptions.
  gut → besser (als…) hoch → höher (als…)
  viel → mehr (als…)

Spiel und Spaß! 4

1 Ein Puzzle

Reconstitue le puzzle dans ta tête et retrouve l'objet dispersé.

Das ist der ....

2 Stadt, Land, Fluß

Tim et Mia aiment jouer à « *Stadt, Land, Fluss* », l'équivalent du « petit bac ».
Il s'agit de trouver le plus vite possible une série de mots commençant par la même lettre.
À toi de jouer ! Complète le jeu suivant à l'aide des mots proposés.

Maus • Spree • Spanien • Russland • Eisbär • Ratte • Redakteur • Squash • Mexiko • England • München • Modedesigner • Eishockey

	 Stadt	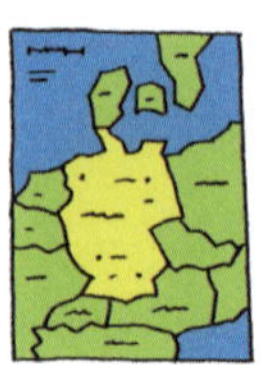 Land	 Fluss	 Tier	 Beruf	 Sport
R	Rostock	....	Rhein	....	....	Rugby
S	Stuttgart	....	....	Skorpion	Surflehrer	....
M	....	....	Main	....	....	Minigolf
E	Essen	....	Elbe	....	Elektriker	....

3 Wer ist es ?

Mia et Selma préfèrent jouer à « Qui est-ce ? » *(Wer ist es ?)*
Observe les six portraits suivants et lis attentivement les réponses données par Mia aux questions de Selma. Qui est la personne recherchée ?

Nicole	Sandra	Christian	Kathrin	Anja	Silke

Selma: Ist das ein Mann? — **Mia:** Nein.
Selma: Hat die Frau kurze Haare? — **Mia:** Nein.
Selma: Hat sie braune Haare? — **Mia:** Ja.
Selma: Hat sie blaue Augen? — **Mia:** Nein.

Selma: Das ist ....

4 Das Gänsespiel

Voici un jeu de l'oie. On peut y jouer seul ou à plusieurs.

1.  das F..........................
2. ich esse / du isst / er ....
3. zwölf, dreizehn, v..........................
4. d.......... Mutter
5. Montag / D.......................... / Mittwoch
6. 10.15 = Viertel .... zehn
7. + 3
8.  die K..........................
9. W.......... alt bist du?
10. 6 x 3 = a.......... z..........
11.  Sie ....
12. - 4
13. 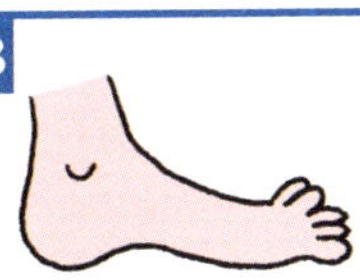 der ....
14. Donnerstag / Freitag / S.......................... / Sonntag
15. .... 20. April
16. 7.30 = halb ....
17. 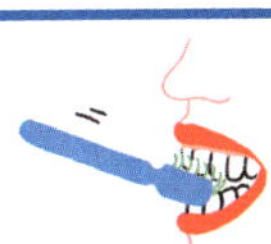 Sie putzt ihre Z.......... .
18.  der F..........................

Zwei Bastelideen mit dem Korken

Personalisierte Schlüsselanhänger

Material (für einen Anhänger):

- ein Korken

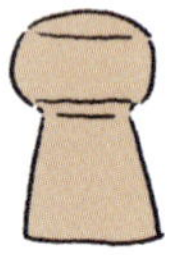

- ein Häkchen

- für die Dekoration: Farben oder dunkle Stifte, Pailletten
- Schlüssel

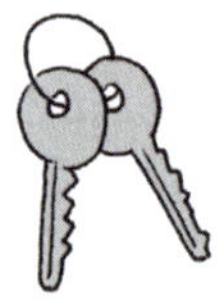

Etappen:

1 Das Häkchen in den Korken drehen.

2 Den Korken dekorieren: mit Farben, mit Stiften, mit Pailletten ... Sei kreativ!

3 Trocknen lassen.

4 Das Häkchen auf den Schlüsselring schieben: fertig!

Schöne Dekoration für Weihnachten: ein Tannenbaum

Material:

- 25 Weinkorken
- Kleber

- grüne Farbe
- Pailletten

Etappen:

1 Ein paar Korken an einer Seite grün anstreichen.

2 4 Korken als Stamm zusammenkleben.

3 Mit dem Rest eine Pyramide formen, kleben.

4 Die Pyramide auf den Stamm kleben.

5 Mit Pailletten dekorieren.

der Korken : le bouchon de liège
der Schlüsselanhänger : le porte-clés
drehen : visser
trocknen : sécher
auf den Schlüsselring schieben : faire passer dans l'anneau
ein paar : quelques
die Seite : le côté
grün anstreichen : peindre en vert
der Stamm : le tronc
kleben : coller

Himmel und Hölle

Material:

- ein quadratisches Blatt Papier
- Farbstifte

Etappen:

1 Falte zuerst die senkrechte und die waagerechte Mittellinie.

2 Falte dann auch die beiden Diagonalen.

3 Jetzt falte alle Ecken zum Mittelpunkt.

4 So sieht es dann aus.

5 Drehe das Papier um, und falte nochmals alle Ecken zum Mittelpunkt.

6 So sieht es dann aus.

7 Falte nochmals die senkrechte und die waagerechte Mittellinie.

8 Male Farbpunkte auf jedem Dreieck. Schreibe Befehle* auf jedem Dreieck der Innenseite.

9 Greife mit 4 Fingern von unten in die 4 Ecken.

10 Das Spiel ist fertig!

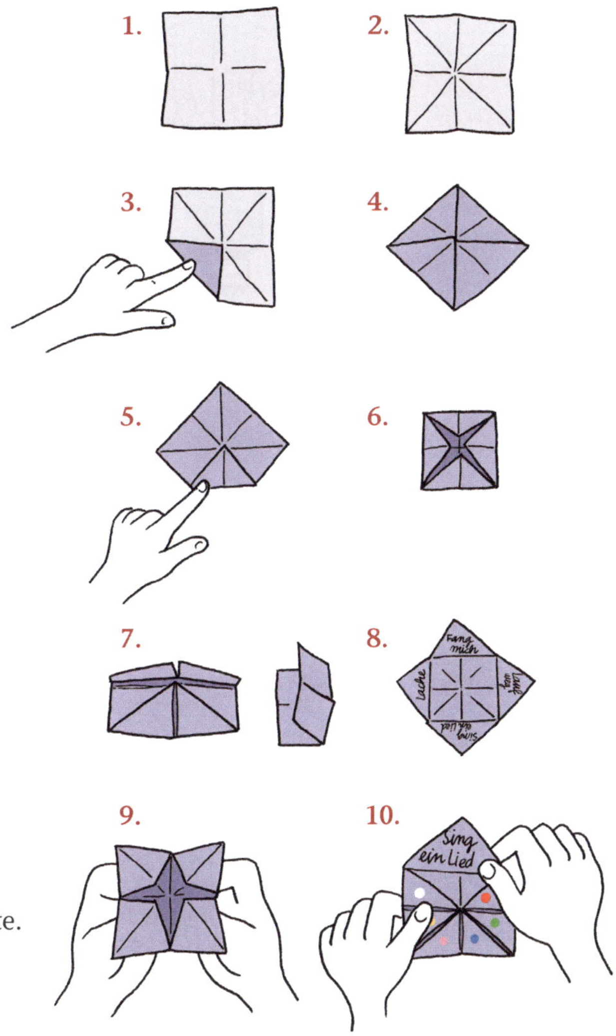

* Ideen für Befehle:

„Klatsch in die Hände!"
„Sing ein Lied!"
„Erzähl einen Witz!"
„Tanz wie ein Roboter!"
„Schneide eine Grimasse!"
„Miaue wie eine Katze!"
„Zähle von 0 bis 20!"
„Konjugiere ... im Präsens!"

Demande à un copain de choisir un chiffre entre 1 et 10 en disant : Welche Zahl ? Demande-lui ensuite de choisir une couleur en disant : Welche Farbe ? Il devra faire ce qui est écrit dans la case qu'il a indiquée !

quadratisch : carré
falten : plier
senkrecht : vertical
waagerecht : horizontal
die Ecke (n) : le coin
um/drehen : retourner
nochmals : encore une fois
das Dreieck : le triangle
der Befehl (e) : l'ordre
greifen : saisir
von unten : par le dessous
klatschen : frapper
das Lied : la chanson
einen Witz erzählen : raconter une blague
eine Grimasse schneiden : faire une grimace

Lexique

a

ab/schmecken: assaisonner
Adler (-), der: aigle
AG (-s), die: club (à l'école)
allein: seul
Ampel (-n), die: feu (de circulation)
an/streichen: peindre
Apfelschorle (-n), die: mélange d'eau gazeuse et de jus de pomme
auf: sur
Aufgaben, die: les tâches
auf/hängen: suspendre
auf/kochen: porter à ébullition
Augen, die: les yeux
Ausstattung (-en), die: équipement

b

Badehose (-n), die: short de bain
baden: se baigner
bauen: construire
Bedingung (-en), die: condition
Befehl (e), der: ordre
bei uns: chez nous
bemalen: peindre
bestäuben: saupoudrer
besuchen: visiter
Bezirk (-e), der: quartier
billig: bon marché
Blatt (¨-er), das: feuille
Boden (¨), der: sol
braten: faire cuire à la poêle
Bratwurst (¨-e), die: saucisse (type saucisse de Francfort)
braun: marron, brun
bunt: coloré

c

Club (-s), der: club

d

darauf/geben: verser
die meisten: le plus de
Dosenwerfen, das: chamboule-tout
draußen: dehors
drehen: visser
Dreieck (-e ou -en), das: triangle
durch: à travers

e

Ecke (n), die: coin
Eiffelturm, der: Tour Eiffel
ein paar: quelques
ein- und aus/steigen: monter et descendre
Eingang (¨-e), der: entrée
Eingangstor (-e), das: porte d'entrée
Einladung (-en), die: invitation
ein/schieben: enfoncer
Einzelkind (-er), das: enfant unique
Elefant (-en), der: éléphant
Eltern, die: parents
endlich: enfin
erst: seulement
erzählen: raconter

f

Fahne (-n), die: drapeau
fahren: conduire
Fahrrad (¨-er), das: vélo
falsch sein: être au mauvais endroit
falten: plier
Farbe (-n), die: couleur

feiern: fêter
Fenster (-), das: fenêtre
fern/sehen (er sieht … fern): regarder la télé
Fisch (-e), der: poisson
fließen: couler
Fluss (¨-e), der: fleuve
fressen (er frisst): manger (pour un animal)
Frühstück (-e), das: petit déjeuner
Führung (-en), die: visite guidée
füllen: remplir
für: pour
Fuß (¨-e), der: pied

g

Gebärdensprache, die: langue des signes
geben (er gibt): donner
Geburtstag (-e), der: anniversaire
gern: volontiers
Geschwister, die: frères et sœurs
es gibt: il y a
Giraffe (-n), die: girafe
Gras (¨-er), das: herbe
greifen: saisir
eine Grimasse schneiden: faire une grimace
grün: vert

h

Haar (-e), das: cheveu
Hand (-¨e), die: main
hassen: détester
Hausaufgaben, die: les devoirs
hoch: haut
Hof, der (¨-e): cour
Hund (-e), der: chien
Hundehaar (-e), das: poil de chien

i

igitt: beurk
in: dans
in der Mitte: au milieu
insgesamt: au total

j

ja: oui
jetzt: maintenant

k

Känguru (-s), das: kangourou
Karte (-n), die: ticket
Katze (-n), die: chat
Kino (-s), das: cinéma
Klamotten, die: les vêtements
Klassensprecherin (-nen), die: déléguée de classe
klatschen: frapper (des mains)
kleben: coller
Knochen (-), der: os
können (er kann): pouvoir
Korken (-), der: bouchon de liège
Körper (-), der: corps
kosten: coûter

l

lachen: rire
Laden (-), der: magasin
langsam: lent / lentement
lecker: délicieux
leer: vide
Lehrer (-), der: professeur
lesen (er liest): lire
Leute, die: les gens
lieben: adorer
lieber: de préférence
Lieblings- (der/die/das): le/la préféré(e) (ex. : Lieblingsband: groupe de musique préféré)
Lied (-er), das: chanson
liegen: être (allongé), se trouver
links: à gauche
Loch (¨-er), das: trou
Lust, die: envie
lustig: amusant

m

Maus (¨-e), die: souris
Menschen, die: les gens
Mischung (-en), die: mélange
mögen (er mag): aimer (bien)
Mund, der: bouche
Musik (-en), die: musique
Mutter (¨), die: mère

n

Nase (-n), die: nez
neben: à côté de
nein: non
nett: gentil
nochmals: encore une fois

o

Obst und Gemüse, das: fruits et légumes
öffnen: ouvrir
Ohr (-en), das: oreille
Öl, das: huile

p

Pandabär (-en), der: panda
Pfeffer, der: poivre
piepsen: faire bip

Lexique

Plakette (-n), die: vignette
Plätzchen (-), das: biscuit
Pommes, die: frites
Pulver (-), das: poudre

q

quadratisch: carré

r

Rad (¨-er), das: roue ou vélo
Rampe (-n), die: rampe d'accès
rechts: à droite
Reihe (-n), die: rangée
rein/legen: déposer à l'intérieur
Rucksack (¨-e), der: sac à dos

s

saftig: juteux
sauer: acide
Schauspieler (-), der: acteur
scheuchen: chasser
Schlüsselanhänger (-), der: porte-clés
schneiden: (dé)couper
schnell: vite / rapide
Schrank (¨-e), der: armoire
Schuh (-e), der: chaussure
Schule (-n), die: école
Schultasche (-n), die: cartable
schwarz: noir
schwarz-weiß: noir et blanc
Seite (-n), die: côté
senkrecht: vertical
Sieger (-), der: gagnant
spazieren/gehen: (aller) se promener
spielen: jouer
Sport, der: sport
sprechen (er spricht): parler
Stamm (¨-e), der: tronc
stehen: être debout
Straße (-n), die: rue
Straßenbahn, die: tramway
Stunde (-n), die: heure (durée)
süß: sucré ou mignon

t

Tanz (¨-e), der: danse
Tasche (-n), die: sac
Taschentuch (¨-er), das: mouchoir
teuer: cher
Theater (-), das: théâtre
Tierarzt (¨-e), der: vétérinaire
Tiger (-), der: tigre
Tisch (-e), der: table
Tor (-e), das: but (au football)
(sich) treffen: (se) rencontrer
Trikot (-s), das: maillot
trinken: boire
trocknen: sécher

u

U-Bahn, die: métro
über: au-dessus de
übereinander/stapeln: poser les uns sur les autres
um: autour de
um/drehen: retourner
um/gießen: verser
Umwelt (-en), die: environnement
um/werfen: renverser
ungefähr: à peu près
unter: sous

v

Vogel (¨), der: oiseau
von unten: par le dessous

w

waagerecht: horizontal
was?: quoi ?
waschen: laver
wasserfest: qui résiste à l'eau
Watte, die: ouate
weg/gießen: vider dans l'évier
weit (von…) entfernt: loin (de…)
welch-?: quel(s) / quelle(s) ?
Welt, die: monde
wer?: qui ?
werfen (er wirft): lancer
Wetter, das: temps (météo)
wie?: comment ?
wiegen: peser
willkommen: bienvenue
Wind, der: vent
wissen (er weiß): savoir
Witz (-e), der: blague
WM, die (abréviation de **Weltmeisterschaft**)**:** la coupe du monde
wo?: où ?
wollen (er will): vouloir
Wurst (¨-e), die: saucisse

z

zählen: compter
Zahn (¨-e), der: dent
Zebra (-s), das: zèbre
zeigen: montrer
Zimmer (-), das: chambre
zu: trop
zusammen/ballen: rouler en boule
zwischen: entre

Table des illustrations

Achevé d'imprimer par l'Imprimerie de Champagne à Langres — France
Dépôt légal : 05115-7/01 — Novembre 2018

PAPIER À BASE DE FIBRES CERTIFIÉES

Hatier s'engage pour l'environnement en réduisant l'empreinte carbone de ses livres. Celle de cet exemplaire est de :
200 g éq. CO_2
Rendez-vous sur www.hatier-durable.fr